Te 89
9

MÉMOIRE
POUR SERVIR
AU TRAITEMENT
DE LA
DYSSENTERIE.

Par M. MARET, Docteur en Médecine de l'Université de Montpellier, Aggrégé au College des Médecins de Dijon, Secrétaire perpétuel de l'Académie des Sciences, Arts & Belles-Lettres de la même Ville, Médecin désigné pour le traitement des Epidémies dans la Généralité de Bourgogne, Censeur royal, Correspondant de l'Académie royale des Sciences de Paris, Associé regnicole de la Société royale de Médecine de la même Ville, Associé honoraire du College royal de Médecine de Nancy, Associé des Académies de Besançon, Bordeaux, Caen, Châlons-sur-Marne, Clermont & Lyon; de la Société patriotique de Hesse-Hombourg, & celle de Stockholm.

Imprimé par ordre de M. DUPLEIX DE BACQUENCOURT, Intendant de Bourgogne, &c.

A DIJON,
De l'Imprimerie de L. N. FRANTIN, Imprimeur du Roi.

M. DCC. LXXIX.

AVERTISSEMENT.

Monsieur Dupleix de Bacquencourt m'avoit envoyé, au commencement d'Octobre, à Noyers, où une dyssenterie faisoit beaucoup de ravages depuis un mois, ainsi que dans ses environs. Ce Mémoire est la copie de celui que je laissai, en partant de cette Ville, pour servir au traitement de cette maladie.

Plusieurs Mémoires envoyés à l'Intendance par MM. les Subdélégués d'Avalon, de Flavigny & de Vitteaux, & plusieurs lettres particulieres qui m'ont été écrites de différentes parties de la Province, m'ayant convaincu que la même maladie s'étoit répandue dans ces différens cantons, M. l'Intendant fit distribuer plusieurs copies de mon Mémoire; il invita en même temps le Comité de Médecine de l'Académie, à aviser aux moyens les plus utiles à employer contre cette épidémie; & ce Comité ayant approuvé mon Ouvrage, & defiré qu'il pût être imprimé pour être diſtribué partout où régneroit cette maladie, ce Magiſtrat, auſſi vigilant qu'éclairé, en a ordonné l'impreſſion.

La Société royale de Médecine de Paris, à laquelle je l'avois communiqué, a décidé, fur le rapport de MM. Lorry & Hallé, que, par fa précifion & fa clarté, cet Ouvrage pouvoit fervir de guide dans les campagnes, & diriger dans le traitement de l'épidémie régnante.

MALADIE

Observée à Noyers en Octobre 1779,
par le Médecin Maret.

La maladie qui regne à Noyers, est une dyssenterie du genre des putrides, dont les accidens, très-graves pour la plupart, donneroient lieu à des événemens funestes, si un traitement approprié, en s'opposant aux progrès de l'altération putride, & prévenant ou modérant les irritations, ne parvenoit pas à empêcher les suites qu'elle pourroit avoir.

Cette maladie attaque plus particuliérement les femmes que les hommes, les gens très-âgés & les enfans, que les personnes d'un âge fait ou adultes : elle est chez tous les malades absolument la même, & n'a de différences dans les accidens, que relativement à l'état plus ou moins sain, à la vigueur & aux dispositions de ceux qui l'essuient ; aussi la décrirai-je comme étant une : mais en traçant l'histoire de ses différentes périodes, je présenterai toutes les variétés que les circonstances occasionnent dans les accidens.

PREMIERE PÉRIODE.

HISTOIRE.

1. La maladie débute le plus souvent sans être annoncée à l'avance : les malades éprouvent un mal-aise léger, ont du dégoût, des nausées, des douleurs d'estomac, la bouche très-mauvaise, & quelquefois des vomissemens.

2. La langue est toujours humide.

3. Mais quelquefois presque naturelle.

4. Quelquefois légère-

TRAITEMENT.

I. Tous les accidens de cette période annoncent la putridité ; mais que la matiere putride a son siège dans les premieres voies, & notamment dans l'estomac.

II. Les indications qui se présentent à remplir, sont de favoriser promptement l'évacuation de cette matiere par un vomitif, & l'on doit en choisir un qui, en passant plus difficilement dans les

HISTOIRE.

ment enduite d'un mucus blanc.

5. Souvent couverte d'un enduit d'un blanc sale.

6. Le pouls est presque toujours un peu fiévreux.

7. Souvent peu différent du naturel.

8. Et quelquefois fort plein, très-vif.

9. Le visage ne differe pas de l'état naturel.

La respiration est libre.

10. Le ventre est souple & point élevé.

Rarement sensible au toucher.

11. Il y a des douleurs de ventre peu vives & peu fréquentes.

12. Des déjections verdâtres & jaunâtres un peu épaisses.

13. Quelquefois, dès le début, les déjections sont sanguinolentes, & même souvent d'un sang clair, dans lequel nagent quelques matieres brunes concrettes.

TRAITEMENT.

intestins, opere plus sûrement cette évacuation; aussi doit-on donner par préférence le vomitif A.

III. Mais quelque indiqué que soit ce remede, il ne faudroit pas le donner d'emblée, si le pouls avoit le caractere décrit n°. 8.

Comme il annonceroit une complication d'inflammation; si sur-tout à cet état étoient joints les accidens du n°. 14; il faudroit faire une saignée, & même deux; si le sang étoit cœneux, avant de placer le vomitif.

IV. Les mêmes motifs qui décident à faire usage du vomitif, doivent engager à le réitérer le lendemain, s'il n'a pas produit l'effet qu'on attendoit; & s'il l'a produit, on placera un minoratif B, à moins que le premier vomitif n'ait poussé par le bas de maniere à déterminer une évacuation considérable; car alors

A 2

(4)

HISTOIRE.	TRAITEMENT.
14. Quoique la plupart des malades n'éprouvent que des nausées, il en est qui sont exposés à des vomissemens violens & très-fréquens.	il faudra nécessairement mettre un jour d'intervalle entre l'administration de ces deux remedes.
15. Ces deux derniers accidens appartiennent plus particuliérement à la seconde période qu'à la premiere ; & lorsqu'on les observe, c'est que la premiere période, qui dure ordinairement trois jours, a quelquefois si peu de durée, qu'elle est insensible, & que les malades passent rapidement de la premiere à la seconde.	V. Si, soit par la cause de la maladie, soit par l'effet irritant des remedes, il y avoit des tranchées, des déjections fréquentes (11), on donneroit aux malades des demi-lavemens presque froids, & composés de la maniere C. On donneroit le soir une potion D. VI. Le caractere putride étant bien évident par les symptômes 2. 4. 5. 6. 12. & 13. & la nature acrimo-nieuse des matieres démon-

trée par ceux 13. & 14. il faut craindre tout ce qui pourroit augmenter la putridité, & faire la plus légere irritation ; dès-lors il faut que le régime soit opposé à la putridité & adoucissant, & que les boissons soient mucilagineuses & tendant également à combattre la putridité D ; l'on mettra les malades au régime E, & leur boisson habituelle consistera dans la tisane F.

SECONDE PÉRIODE.

HISTOIRE.

16. C'est du moment où le sang paroît dans les déjections, que commence cette période; le visage & la respiration restent les mêmes.

17. La langue y conserve quelquefois sa couleur naturelle, ou se couvre seulement d'une légere mucosité blanchâtre, semée par-ci, par-là, & quelquefois elle est très-rouge.

18. Le plus souvent cependant elle est enduite d'un mucus d'un blanc cendré, & presque toujours humide.

19. Quelquefois il n'y a point de soif.

20. Souvent la soif est très-vive.

21. La bouche devient de plus en plus mauvaise, les nausées se soutiennent;

TRAITEMENT.

VII. La putridité se manifeste encore plus dans cette période que dans la premiere; & par l'observation des accidens (24. 25. 26. 30.) l'on y peut suivre la marche de l'âcre, qui passe bientôt de l'estomac dans les intestins.

VIII. Aussi les indications à suivre sont-elles les mêmes que dans la premiere; & le régime, les boissons, les lavemens & les potions désignés (V. & VI.) sont ici indispensables.

IX. Si l'on a perdu les premiers momens, faute d'avoir été appellé assez tôt, ou si la premiere période a été si courte qu'elle n'a pas pu être saisie, & qu'enfin l'on n'ait pas placé le vomitif avant l'apparition du sang dans les selles, il faut

A 3

HISTOIRE.

il y a des hoquets, quelquefois des vomiſſemens.

22. Le pouls continue à être preſque naturel & très-peu fiévreux.

23. La peau eſt ou naturelle, tant relativement à ſa ſechereſſe qu'à ſa chaleur, ou plus ſeche qu'humide, & plus froide que chaude.

24. Le ventre ſe bourſouffle, devient un peu ſenſible au toucher.

25. Les déjections ſont très-fréquentes, & quelquefois au point, que les malades vont à la ſelle à tout quart d'heure.

26. Elles ſont précédées de tranchées vives, accompagnées de douleurs de teneſme, & quelquefois de difficultés d'uriner.

27. Les matieres ſont ſouvent très-différentes..

Les unes ſont jaunes & mélangées de ſang.

28. Dans d'autres, on

TRAITEMENT.

y recourir, pourvu qu'on ſe trouve dans les premiers jours de celle-ci, & que le ventre ne ſoit pas tel qu'il eſt décrit (24.)

X. Il faut auſſi, dans les mêmes circonſtances (IX.) rapprocher du vomitif un minoratif B, en obſervant, relativement aux contre-indications, tout ce qui a été dit (IV).

XI. Comme les inteſtins paroiſſent principalement le ſiége de l'âcre dyſſentérique, il faut, pour en favoriſer l'évacuation, ſe borner, ſur la fin de cette ſeconde période, à quelques demi-lavemens.

La crainte de produire de trop fortes évacuations & d'affoiblir les malades, oblige à ſe borner à ces moyens, encore faut-il être très-diſcret dans leur uſage, & ne les jamais donner qu'à mi-ſeringue au plus.

XII. La même crainte

HISTOIRE.	TRAITEMENT.
voit un mélange de matieres jaunes enfanglantées, & d'un feuilletis verdâtre.

29. D'autres font d'un fang pur, telles que celles du n°. 13.

30. D'autres enfin reſſemblent à de la chair blanchâtre hachée, nageant dans une féroſité rougeâtre.

31. L'infomnie eſt abſolue, & les malades la fupportent avec peine.

32. C'eſt fur la fin de cette feconde période & à l'approche de la troifieme, que fe montrent principalement les accidens (24. 25. 26. 30. & 31.) & cette période fe confond avec la troifieme; de maniere qu'en m'arrêtant à cette divifion de la maladie, je ne le fais que pour diſtinguer, autant qu'il eſt poſſible, les temps qui préſentent quelques différences dans les indications à fuivre. | de trop affoiblir les malades, doit engager à chercher à diminuer le nombre des felles par les potions G, qu'on diſtribue par cuillerées, fur-tout quand le ventre eſt un peu fenſible au toucher & élevé; s'il étoit infenſible & applati, on pourroit donner une priſe de diaſcordium H.

XIII. Lorſque le ventre fe diſtend & eſt fenſible au toucher, il faut le frotter fouvent avec de l'huile d'olives ou de noix, ou même de navettes ſi elle eſt fraiche, & laiſſer fur le ventre un morceau d'étoffe de laine imbibée de l'une de ces huiles.

XIV. Une attention importante à faire, eſt d'entretenir les malades dans un état de chaleur douce qui puiſſe favoriſer la tranſpition; & quoiqu'on ne doive point forcer la fueur, comme il eſt à defirer qu'elle |

TRAITEMENT.

s'établisse modérément, il faut prendre à ce sujet les précautions les plus grandes. Il faut,

Premiérement, que les malades soient, autant qu'il est possible, très-bien couverts dans leurs lits.

Secondement, qu'ils ne sortent jamais dans les cours ou les jardins pour pousser leurs selles.

TROISIEME PÉRIODE.

HISTOIRE.

33. Cette période-ci est très-longue, & d'autant plus, que l'on n'a pas été à portée de placer les remedes, ou de suivre les malades avec exactitude.

On y observe tous les symptômes observés dans la seconde, sur-tout sur la fin. Tous se soutiennent quelque temps sur le même pied ; mais suivant la maniere dont la maladie doit se terminer, on les voit sur la fin, ou diminuer, ou augmenter de vivacité, & former, par cette diminution ou augmentation, le

TRAITEMENT.

XV. Comme les forces des malades s'affoiblissent par la durée des évacuations, on ne doit, dans cette période, que travailler à les modérer par le régime, les boissons & les potions. Ce n'est pas le cas de tenter d'autres évacuations que celles que produit la maladie ; il faut au contraire les modérer.

XVI. Mais c'est le moment de se rendre attentif à la qualité des matieres, afin de diriger sa conduite sur le changement qu'on y apperçoit.

HISTOIRE.

passage à la guérison facile des malades, ou à une guérison très-difficile, & souvent annoncer l'incurabilité.

34. C'est la qualité des déjections qui caractérise les progrès en bien ou en mal; si elles deviennent jaunâtres & mélangées de glaires blanches, & que le sang n'y paroisse que rarement, on peut se flatter que le commencement de la quatrieme période n'est pas éloigné, & que la terminaison sera heureuse.

35. Mais tant que les déjections conservent le caractère de celles (30.) ce terme est éloigné ; mais lorsqu'elles persistent, se colorent en brun, deviennent fétides & sanieuses; le passage de la troisieme période à la quatrieme s'opere, & l'on a tout à craindre de la terminaison de la maladie.

TRAITEMENT.

XVII. Si elles restent semblables à des chairs pourries blanches, peu fétides, il faut s'abstenir de toute sorte d'évacuans, & se borner au traitement décrit (XI. & XII.)

XVIII. Il faut s'en abstenir encore, si les malades ne rendent que des glaires ensanglantées, du volume d'un crachat ordinaire, & rejetées avec tenesme, & se conduire alors avec les précautions désignées (XI. & XII.)

XIX. Il seroit encore dangereux de se décider à donner des évacuans, quand les déjections deviennent très-fétides, noirâtres, sanieuses; on donnera alors, par cuillerées très-rapprochées, la potion I.

XX. Les seules circonstances où l'on doive employer à cette époque des évacuans, sont celles où les

TRAITEMENT.

matieres ont changé de caractere & sont devenues billeuses, épaisses comme de la purée, quoique mêlées d'un peu de sang.

XXI. Celles où ces matieres sont mêlées à des glaires blanchâtres qui dominent sur la totalité par leur qualité; alors il faut donner le purgatif K : & dans le cas désigné (XX.) on purgera avec le purgatif L.

Le régime, sur la fin de cette période, peut être rendu un peu plus fortifiant : on donnera, dans les cas désignés (XIX. XX. & XXI.) quelques cuillerées de vin ; dans la circonstance (XX. & XXI.) quelques bouillons & soupes grasses.

QUATRIEME PÉRIODE.

COMME celle-ci est différente suivant la terminaison que la maladie doit avoir, je la diviserai en deux sections, relativement à la nature de l'issue de cette maladie, & je décrirai successivement les phénomenes qui amenent & accompagnent la terminaison heureuse, & ceux qui s'observent quand la terminaison doit être difficile ou funeste.

TERMINAISON HEUREUSE.

HISTOIRE.	TRAITEMENT.
36. Les déjections prennent le caractere désigné	XXII. Si les déjections ont le caractere (36.) il

HISTOIRE.

(34.) & successivement elles deviennent de plus en plus épaisses, & de moins en moins fréquentes.

Les malades ne vont plus à la selle la nuit, & ne souffrent que très-peu en y allant.

37. Mais quelquefois les déjections restent glaireuses; & les glaires qui sont fondues avec les matieres, leur donnent l'apparence d'un mucus jaunâtre.

38. Souvent à cette époque la bouffissure s'établit; mais elle est légere, & les urines coulent abondamment.

39. La langue se couvre d'un mucus d'un blanc tirant sur le jaune, est humide, & se dépouille facilement de son enduit.

40. L'appétit se rétablit, le sommeil se soutient; il n'y a qu'un peu de foiblesse qui peu à peu fait place à une augmentation de for-

TRAITEMENT.

faut placer le purgatif K, & le réitérer deux ou trois fois, suivant la force des malades.

La tisane D peut être remplacée par une tisane simple, au goût des malades, & on leur donne, à leurs repas, quelques gouttes de vin.

Au régime E succede celui qui est décrit sous la lettre M.

XXIII. Mais dans le cas où les déjections sont de l'espece désignée (27.) c'est au purgatif L qu'on doit avoir recours, & que l'on réitere de même deux à trois fois, suivant les forces des malades.

Dans les jours libres, on fait prendre trois verrées par jour de l'infusion N, & l'on continue jusqu'à ce que plusieurs jours se soient écoulés depuis la cessation entiere des déjections muqueuses.

HISTOIRE.	TRAITEMENT.
ccs, préfage affuré de la convalefcence.	XXIV. A cette époque, les malades feront bien de fe tenir un peu levés, & même de fe promener, pourvu qu'ils ne fortent point pendant l'humidité ni le froid.

TERMINAISON FACHEUSE.

41. Cette terminaifon eft fâcheufe, ou par l'exfoliation & la fuppuration des tuniques de l'inteftin, ou par les effets du progrès de la putridité.	XXV. Dans le cas de la fuppuration & de l'exfoliation des membranes de l'inteftin, les principales indications à fuivre, font de faciliter l'expulfion du pus, & d'empêcher qu'en paffant dans le fang, il n'en altere la qualité.
42. Dans le premier cas, les douleurs perfiftent, le ventre refte fenfible au toucher. Les déjections, tantôt jaunâtres, tantôt féreufes, & quelquefois encore fanguinolentes, font fucceffivement mêlées de matieres purulentes blanchâtres, peu fétides ; on y apperçoit quelques débris des membranes internes de l'inteftin, détachées par l'exfoliation.	XXVI. Pour remplir la premiere, il faut continuer l'ufage des tifanes gommées, & faire prendre au malade, de quatre en quatre heures dans la journée, le mélange O ; donner pour alimens, des purées d'haricots, & les affocier aux crêmes de riz ; continuer ces remedes jufqu'à la ceffation des évacuations purulentes, &
43. Le pouls eft toujours	donner, tous les trois ou

HISTOIRE.

fébrile; il y a même quelquefois des redoublemens par de petits friſſons.

44. La peau eſt chaude, ordinairement ſeche, &, par intervalle, humectée par une ſueur graſſe.

45. Les urines coulent aſſez facilement, mais ſont orangées, quelquefois couvertes d'une pellicule gorge de pigeon, & l'on y voit ou un nuage plus ou moins épais fuſpendu, ou un dépôt rougeâtre & briqueté.

46. L'appétit ſe rétablit, & quelquefois même eſt très-grand.

47. Le ſommeil eſt ſouvent peu tranquille, & les douleurs de ventre cauſent l'inſomnie.

48. Souvent à tous ces accidens ſe réunit la bouffiſſure univerſelle.

49. Souvent il y a quelques hoquets.

50. Dans le ſecond cas,

TRAITEMENT.

quatre jours, trois petits bols P, à quatre heures de diſtance les uns des autres.

XXVII. L'altération de la maſſe humorale ſe manifeſte par l'état du pouls (43.) par celui de la peau (44.) & des urines (45.) & par la bouffiſſure (48.) ſoit que ces ſignes ſe trouvent tous réunis, ou qu'il n'y en ait que deux ou trois; alors, ſi les forces du malade le permettent, il faut placer un purgatif K, & le lendemain faire commencer l'uſage des ſucs d'herbes Q, dont on donnera une verrée de ſix en ſix heures, aſſociée à pareille quantité de tiſane.

XXVIII. Le régime ſera celui qu'on décrira ſous la lettre R.

XXIX. L'épuiſement des

HISTOIRE.

la langue tremblotte quand on exige des malades qu'ils la tirent hors de la bouche, elle se noircit, se desseche, & successivement se couvre d'aphtes blanchâtres; & lorsque le mieux s'établit, elle s'humecte, & les aphtes s'exfolient.

51. Le voile du palais, la gorge, & la membrane qui tapisse la voûte du palais, se couvrent également d'aphtes, noircissent, se dessechent, puis s'humectent & s'exfolient de même que la langue, s'il survient du mieux.

52. Les dents se dessechent, & l'enduit qui les recouvre brunit. Cet enduit s'humecte lorsque le mieux se décide.

53. Il y a des nausées assez fréquentes, un hoquet qui devient souvent très-fatigant par sa fréquence & son étendue.

54. Le pouls est fréquent,

TRAITEMENT.

forces & la spoliation de la partie rouge du sang, occasionnent ici l'altération de la masse humorale; & comme tous les signes de (50. à 58.) montrent que cette altération est à son comble, il faut avoir recours aux anti-septiques les plus puissans, & les choisir parmi ceux qui sont cordiaux, & ne peuvent point augmenter les évacuations.

Il faut en même temps s'occuper des accidens particuliers, tels que ceux des (50. à 53. & 60. à 61.)

XXX. Les anti-septiques qu'on choisira, seront la potion S, les tisanes T, les lavemens V.

On distribuera la potion à cuillerées plus ou moins rapprochées, suivant la force ou la foiblesse des malades: la tisane se donnera par verrées, de deux en deux heures au plus tard, & d'heure en heure

HISTOIRE.

intermittent, irrégulier & petit; quelquefois convulsif, & l'on sent des soubresauts dans les tendons.

55. Les déjections sont fréquentes, involontaires, noires ou très-brunes & très-fétides; souvent séreuses, souvent mêlées de caillots de sang noir, de matieres grumelées noirâtres ou vertes: les malades éprouvent une chaleur interne fatigante, mais qui ne les porte pas à boire.

56. Le ventre, d'abord boursouflé, & d'où il s'échappe beaucoup de vents fétides, se tend, puis s'applatit; & si cet affaissement se fait sans que les symptômes (54. & 55.) cessent, la mort est proche.

57. Le visage est effilé, les narines s'affaissent & s'obliterent presque entièrement, sa couleur est d'un pâle livide.

58. Le nez, les extrémi-

TRAITEMENT.

au moins, si les malades ont soif.

On placera deux lavemens par jour, toujours à demi-seringue; mais pourvu que les forces du malade permettent de le remuer.

XXXI. Pour arrêter les progrès de la putridité de la bouche & de la gorge, on emploiera le gargarisme U; & lorsque les aphtes commenceront à s'exfolier, on les touchera légérement avec un pinceau de linge effilé, trempé dans le mélange X.

XXXII. On pansera les ulcérations qui ne feront pas encore gangrenées, avec des emplâtres de styrax; & lorsque la gangrene se déclarera, on trempera les emplâtres dans l'eau-de-vie camphrée, & on saupoudrera les escarres avec de la poudre de quinquina.

XXXIII. L'anazarque se-

HISTOIRE.	TRAITEMENT.
tés, & même le corps, se refroidissent; & au bout d'un temps plus ou moins long, il s'établit une moiteur grasse & peu chaude, présage certain d'une mort prochaine. 59. La respiration devient sur la fin très-difficile, & le râlement vient autoriser le plus fâcheux pronostic, & annoncer la mort. 60. Souvent la situation des malades sur leur dos, ainsi que l'action des matieres qui leur échappent, donnent lieu à des escarres gangréneuses plus ou moins étendues. 61. Souvent une leucophlegmatie & même l'ascite & l'hydropisie de poitrine sont l'effet de l'altération putride portée fort loin dans un corps fort & robuste. On n'y observe alors aucun des accidens décrits de (53. à 58.) ceux dont il	ra combattue par les apozemes Y, dont on fera boire une verrée de quatre en quatre heures, par-dessus un bol Z. XXXIV. Mais si avant que l'hydropisie ne se soit portée par-tout, l'ascite est démontrée par le flot aqueux, que l'on sent en frappant le ventre avec les mains, il sera plus prudent d'en venir à l'opération de la ponction; on la fera suivre de l'usage des hydragogues désignés (XXXIII.) qui alors guériront plus sûrement l'hydropisie, parce qu'on n'aura qu'à parer à de nouveaux épanchemens. XXXV. Dans l'état exposé du (50. à 61.) le régime doit être celui décrit sous la lettre R, & il faut engager les malades à mâcher souvent de la cannelle concassée. Mais dans le cas de la leucophlegmatie, on mettra

HISTOIRE.	TRAITEMENT.

est fait mention de (50. à 52.) n'y ont pas la même intensité ; mais si les moyens employés pour corriger la cause de cette leucophlegmatie & dissiper cette maladie secondaire, n'ont pas le succès desiré, la mort n'est que retardée, & elle est précédée par les signes qui l'annoncent ordinairement.

les malades à celui qu'indique la lettre & ; pourvu toutefois que les malades ne soient pas tourmentés par la soif ; car alors il faut les satisfaire, & leur donner de la tisane simple.

CONVALESCENCE.

62. Les malades restent très-foibles pendant très-long-temps, & quelquefois plusieurs mois.

63. Leurs pieds, & souvent leurs jambes, sont enflés.

64. Ils marchent avec peine.

65. Il leur survient alternativement de temps à autre, des constipations & de petits dévoiemens ; la plus légere humidité des pieds, la plus légere impression du froid, suffisent pour ramener le dévoiement.

XXXVI. Tous les accidens qui accompagnent la convalescence, sont une suite de l'épuisement, de la foiblesse des organes de la digestion, & de la tendance que l'humeur de la transpiration a à prendre la voie des intestins.

Il faut donc, premièrement, employer un régime fortifiant.

Secondement, ne point surcharger l'estomac de trop de nourriture.

Troisiémement, le fortifier par quelques cuillerées

B

TRAITEMENT.

de ratafia pour tout le peuple, & par du café à l'eau pour les gens aifés.

Quatriémement, revenir, de temps à autre, à un léger purgatif K.

Cinquiémement, obliger les malades à s'habiller bien chaudement, à fe bien chauffer pour éviter le froid aux pieds, & à ne point s'expofer au froid ni à l'humidité.

Sixiémement, à fe frotter tout le corps avec des linges roux ou des broffes, pour rappeller l'humeur de la tranfpiration à la peau.

REMARQUES
Relatives à la complication vermineufe.

HISTOIRE.

PLUSIEURS malades ont rendu des vers; ils ne doivent être regardés que comme une complication accidentelle, & point effentielle à la maladie : c'eft principalement par la fortie de ces infectes qu'on en eft inftruit, & fouvent on peut en reconnoître l'exiftence par la rougeur de la pointe

TRAITEMENT.

CETTE complication ne change rien au traitement général; elle exige feulement que dans les premiere & feconde périodes on affocie aux purgatifs & aux potions D, une dofe de coraline de Corfe à la dofe défignée dans l'inftruction particuliere, donnée au fujet de ce remede.

HISTOIRE.	TRAITEMENT.
de la langue ; mais en général ils ne changent point le caractère de la maladie.	Elle exige encore que dans la convalescence on substitue ce remede à la rhubarbe.

FORMULES.

VOMITIF A.

PRENEZ Ipécacuana en poudre, dix-huit grains.

Partagez-les en trois prises égales, que vous distribuerez d'heure en heure, suivant l'effet.

On peut porter cette dose jusqu'à vingt-quatre grains, & même plus pour les gens robustes, & la réduire à douze en trois prises pour les enfans.

La meilleure maniere de donner cette poudre, est de l'incorporer dans un peu de Confitures ou de Miel.

PURGATIF MINORATIF B.

Prenez Tamarin, une once.

Faites bouillir dans assez d'eau pour deux verrées, & au coulé faites dissoudre

    Manne, trois onces.

On se contentera d'un de ces Apozemes pour les enfans de dix à douze ans & un peu au dessous.

On donnera aux enfans de cinq ans & au dessous,

   Sirop de Chicorée composée ⎫ de chaque une
      de Fleurs de Pêchers. ⎭   once.

LAVEMENT C.

Dans suffisante quantité d'eau bouillante, faites infuser
>Graines de Lin concassées, deux gros.

Ajoutez un peu de Beurre frais, laissez refroidir le lavement, & donnez-le à mi-seringue & presque froid.

POTION D.

Dans une verrée d'eau bouillante, faites infuser
>Graine de Lin concassée, un gros.

Au coulé, délayez Sirop de Diacode, demi-once.

RÉGIME E.

On donnera aux malades, de deux en deux heures, une petite écuellée de Crême de Riz, faite de la maniere suivante :

Prenez deux onces de Riz, lavez-le & faites-le cuire dans trois bouteilles d'eau, réduites à deux ; sur la fin de la cuisson, ajoutez
>Beurre frais, une once ;
>Sel ou Sucre, suivant le goût du malade, quantité suffisante.

TISANE F.

Sur une bouteille d'eau, faites dissoudre
>Gomme arabique, une once.

On pourroit aussi, au lieu de cette tisane, en faire une avec deux onces de mie de Pain blanc,
>Une once de rapure de Corne de cerf,
>Trois bouteilles d'eau, & un peu de Sucre ou de Réglisse.

POTION G.

Prenez Simarouba rapé, un gros.
Faites infuser dans s. q. d'eau, & au coulé, délayez
    Sirop de Diacode, une once;
Dissolvez Gomme adragant, un scrupule.

DIASCORDIUM H.

La prise de Diascordium sera de demi-gros pour les adultes, & on la réduira aux deux tiers ou à un tiers suivant l'âge; de même qu'on l'augmentera, si l'usage continué en diminue l'effet.

POTION I.

Prenez fleurs de Roses de Provins, une forte pincée.
Faites infuser dans assez d'eau pour une verrée d'infusion; au coulé, délayez, à l'aide d'un peu de jaune d'œuf, Camphre, vingt-quatre grains;
Ajoutez Sirop d'Œillets, une once.
    de Diacode, six gros.
    Liqueur minérale anodine d'Hoffmann, quarante-huit gouttes.

PURGATIF K.

Dans l'infusion de Rhubarbe concassée, un gros,
Faites dissoudre Manne, deux onces & demie pour une seule verrée.

PURGATIF L.

Dans l'infusion de Simarouba, un gros,
Faites dissoudre Manne, deux onces & demie.

On diminuera les doses des drogues dans ces deux purgatifs, pour les personnes au dessous de quinze ans. On donnera aux enfans du premier âge, le mélange des Sirops purgatifs, au lieu du premier ; & l'on remplacera le second, en ajoutant une once de Sirop de Chicorée à l'infusion du Simarouba.

RÉGIME M.

Le fond du régime est le même que celui E ; on y ajoute seulement quelques Panades au beurre, quelques Œufs frais délayés dans de l'eau.

Les malades pourront manger quelques petits morceaux de pain, quelques fruits mûrs, & boire quelques gouttes de vin.

INFUSION N.

Dans assez d'eau pour trois verrées d'infusion, faites infuser Simarouba rapé, deux gros.

On peut, pour en ôter le mauvais goût, y ajouter du Sucre ou du Sirop capillaire.

MÉLANGE O.

Faites de l'eau de Chaux en faisant dissoudre dans trois bouteilles d'eau, une livre de chaux ; décantez & filtrez cette eau après fusion parfaite de la chaux.

Mêlez une verrée de cette eau à deux verrées de lait modérément échauffé.

BOLS P.

Prenez Ipécacuana en poudre, deux grains ;
Incorporez-les dans un peu de Conserve de Roses.

Sucs d'Herbes Q.

Prenez Cresson,
    Bécabunga,
    Orties grieches ; } de chaque espece parties égales.

Ecrasez-les dans un mortier de pierre ou de bois; tirez-en le suc par une forte expression à travers un linge, laissez déposer, décantez ce qui est clair, & conservez pour l'usage.

Régime R.

Ce régime est le même que celui désigné par la lettre M; mais qu'on rendra plus fortifiant & dépurant, en donnant des potages aux Herbes ou aux Oignons, & quelques Œufs frais à la coque.

Potion S.

Prenez la même infusion de la potion I ; mettez-y la même dose de Camphre, de Sirop d'Œillets, & de Liqueur minérale anodine d'Hoffmann ; mais supprimez-en le Sirop de Diacode, & ajoutez-y
    Esprit de Soufre, quinze gouttes.

Tisane T.

Prenez Fleurs de Camomille romaine, demi-poignée; faites infuser dans suffisante quantité d'eau pour deux bouteilles ; & au coulé, délayez Esprit de Soufre, deux gros ; & faites dissoudre un peu de Sucre.

Lavement V.

Dans assez d'eau faites bouillir
    Quinaquina concassé, une once ;
Au coulé, mettez vinaigre, une verrée.

GARGARISME U.

Prenez Orge en grains entiers, deux onces;
Faites bouillir dans trois livres & demie d'eau; après la cuisson, passez à travers un linge; au coulé, délayez
   Miel, trois onces.
   Vinaigre, trois onces.

MÉLANGE X.

Prenez Miel rosat, une once.
   Extrait de Saturne, demi-gros.

APOZEMES Y.

Prenez Simarouba, demi-once;
Faites infuser dans assez d'eau pour quatre verrées d'infusion; & faites dissoudre sur le tout,
   Sel ammoniac, un gros & vingt-quatre grains.

BOL Z.

Prenez Scille en poudre, six grains.
   Nitre purifié, douze grains.
Faites un bol avec un peu de Conserve de Roses, & préparez séparément tous les bols, de cette espece-ci.

RÉGIME &

Ce régime-ci ne différera de celui de la lettre R, qu'en ce que l'on permettra au malade un peu de viande rôtie, & qu'il aura soin de prendre les Crêmes de Riz plus épaissies, les potages sans beaucoup de bouillons, & de ne point boire de Lait de poule; en général, il boira très-peu.

FIN.

www.ingramcontent.com/pod-product-compliance
Lightning Source LLC
Chambersburg PA
CBHW060909050426
42453CB00010B/1617